LA PAIX BLANCHE

PAR

Gabriel SÉAILLES

BERGER-LEVRAULT, ÉDITEURS
PARIS-NANCY

Prix : **20** centimes

LA PAIX BLANCHE

La guerre ne se prolonge pas par la volonté de quelques hommes, mais par une nécessité qui tient à la nature des choses.

La guerre dure depuis quatre années, chaque jour elle étend et multiplie ses ravages ; des villages ne sont plus qu'une poussière balayée par les vents, de grandes cités sont menacées de mort, de glorieux monuments, témoins de notre histoire, s'écroulent et, sous ces ruines, des milliers et des milliers d'hommes, tant d'hommes qu'on n'ose en dire le nombre, sont ensevelis. Comment s'étonner qu'en face de tant de maux accumulés, quelques-uns soient pris de désespoir ? Ils demandent qu'on en finisse, qu'on arrête le massacre, qu'on rentre enfin dans l'humanité. Tout chemin leur paraît droit qui mène hors de ce présent détestable. Ils s'en prennent aux individus, ils soupçonnent tous les gouvernements de visées impérialistes, ils imaginent que la raison n'aurait qu'à élever la voix pour être entendue.

La vérité est que les événements dominent et mènent les hommes.

Pas plus les nations que les individus ne peuvent se soustraire aux conséquences des actes qu'ils ont une fois accomplis. Nous ne saurions revenir au point d'où nous sommes partis, refaire ce qui n'est plus, l'Europe telle qu'elle était à la fin de juillet 1914.

Des problèmes ont été posés que nous ne pouvons plus ne pas résoudre.

Le retour au « statu quo ante » ne serait pas seulement désastreux, il est impossible.

Vainement, pour ne pas prolonger le cauchemar sanglant, nous voudrions retourner vers le passé ; les ponts sont coupés, il nous faut marcher en avant, aller jusqu'au bout de l'effort. Pour que la nation reste unanime dans sa volonté de résistance, il importe qu'elle comprenne que la guerre ne se prolonge pas par l'aveuglement et l'obstination de certains hommes, mais par la nécessité des choses. Que nous le voulions ou non, l'alternative est entre la paix du droit et la paix de l'hégémonie allemande.

Loin d'humilier notre pensée, le souvenir de tous nos deuils, des crimes, des dévastations, qui depuis quatre ans font de la civilisation même l'instrument de la barbarie, doit élever nos courages.

Tant de sacrifices ne doivent pas avoir été accomplis en vain.

Il faut que quelque chose soit changé dans le monde.

Par lassitude, par défaillance, sous le prétexte de mettre un terme immédiat à cette guerre, nous ne voudrons pas que la guerre se perpétue, que demain, silencieusement, sournoisement, elle se continue dans la paix armée, jusqu'au jour où l'orgueil de quelque César la déchaînera sur le monde, accrue dans ses horreurs par les progrès de la science. Nous refusons de voir dans la guerre une loi providentielle, un décret divin, auquel nous ne pouvons que nous soumettre en gémissant. Nous sommes convaincus que le privilège de l'homme est de ne pas céder au destin, que sa tâche est de substituer à la violence, qui est la loi de nature, la justice, qui est la loi de l'homme. Notre devoir est de faire sortir de cette guerre le seul bien qui puisse en atténuer la honte et les désastres, songeons d'abord à l'accomplir.

Nous sommes engagés, nous n'avons pas le droit de déchirer le testament de ceux qui ont donné leur vie pour la cause du droit. Quand ils sont partis, dans une heure d'enthousiasme, ils ne nous ont pas demandé une vaine pitié, ils nous ont confié la justice et la liberté, pour lesquelles ils consentaient à mourir.

La Paix Blanche n'est pas la partie nulle, elle est la victoire de l'Allemagne, le triomphe du pangermanisme.

La paix blanche — si seulement elle était possible — aurait des conséquences qu'il convient de regarder en face. Elle ne renverrait pas tous les belligérants dos à dos, tous également meurtris, tous également ensanglantés ; elle ne les laisserait pas tous dans la même stupeur devant tant de richesses, tant de vies détruites pour rien ; elle n'éveillerait pas en tous, avec le même remords, le même dégoût d'une politique de ruse et de brutalité, qui divise le monde en deux groupes hostiles pour les anéantir l'un par l'autre sans profit pour l'un ni pour l'autre.

La paix blanche serait pour les Alliés une défaite, le recul de leurs idées ; pour l'Allemagne la victoire, la confirmation de ses grandes espérances.

L'Allemagne gardera l'orgueil de tout le mal qu'elle aura pu faire impunément. Elle aura déchiré les traités, violé la neutralité de la Belgique, incendié ses villes, fusillé ses paysans et ses ouvriers, déporté ses populations civiles ; elle aura bouleversé, dévasté nos campagnes, coupé nos arbres fruitiers, enlevé des usines du Nord leur outillage industriel, écrasé sous ses obus Arras, Reims, Verdun, vingt autres villes, et elle laissera aux victimes de ses attentats la charge d'en réparer les dommages ; elle se retirera chargée de son butin, enrichie de nos dépouilles, avec le bénéfice de nous vendre à bon compte tout ce que par ses rapines elle nous aura interdit de fabriquer.

Ses savants et ses philosophes, ses militaires et ses diplomates ont répété au peuple allemand, jusqu'à l'en convaincre, que comme jadis Israël, il est le peuple élu de Dieu, qu'il a reçu d'en haut une mission, celle d'organiser le monde, de lui imposer ses méthodes, sa culture, de le soumettre à son hégémonie bienfaisante. De ce délire d'orgueil le peuple allemand ne peut être guéri que par la leçon du malheur. Il faut que la force se retourne contre celui qui divinise la force pour le convertir à d'autres dieux. Certes, la guerre n'a pas été pour le peuple allemand ce que ses maîtres lui avaient promis : elle n'a pas été « courte, fraîche et joyeuse », elle a été longue, douloureuse et meurtrière ; il a connu les heures d'angoisse, il a souffert de la faim, il a comblé de ses cadavres les tranchées de la terre de France, et plus d'une fois il a douté de la fortune. La paix blanche donne un sens à son effort et soutient sa foi dans ses destinées. Sur les chemins qui montent, il a peiné, il a sué, il a saigné, mais il s'est rapproché de son but. Par la force de ses armées, par sa puissance industrielle, par ses vertus de patience, d'organisation, de discipline collective, il a résisté à tout un monde, à la plus formidable coalition que l'Histoire ait jamais vu se former : Grande-Bretagne,

Russie, France, Italie, Amérique. Il n'avait pas prévu la coopération de tant d'ennemis, il y a pourvu cependant. En renonçant à la faire céder, ses ennemis avouent que l'Allemagne est invincible. Cet aveu, après tant de défis et de menaces, autorise son espérance de reprendre la lutte après une préparation plus complète, plus savante et de dicter cette fois ses lois au monde asservi.

Ainsi la paix blanche, en supposant qu'elle soit possible, n'est pas la restauration du passé, la partie nulle, elle est pour l'Allemagne la partie gagnée, un pas en avant dans la marche de l'impérialisme germanique vers la domination universelle. Impuissants à exiger la réparation des dommages qu'ils ont subis, contraints à s'y résigner, les ennemis de l'Allemagne resteront à jamais intimidés par le souvenir des pertes sans compensations qui les auront laissés affaiblis et ruinés. Le kaiser n'aura pas en vain évoqué l'image d'Attila et commandé que la terreur marchât devant ses armées. La crainte d'une guerre nouvelle fera dociles ceux qui porteront les cicatrices sans gloire de blessures restées sans vengeance.

La paix blanche est si bien pour l'Allemagne une victoire qu'elle lui en assure tous les fruits. La guerre sans doute a été pour elle, en même temps qu'un crime, une sottise, s'il est vrai qu'elle était en train de conquérir la suprématie que, dans son impatience, elle a voulu emporter de vive force. Mais elle reprendra son œuvre, qu'elle n'a point interrompue, et dans des conditions plus favorables. En ce moment même, elle travaille à réaliser les ambitions du pangermanisme, en constituant la « Mitteleuropa ». Les obstacles qui se dressaient autrefois devant elle sont aplanis. Tombés dans sa dépendance, les peuples qui combattent aujourd'hui à ses côtés, ne trouvant dans l'Europe silencieuse ni recours, ni appui, devront aller au-devant de la vassalité. Rien n'empêchera l'Allemagne de former le vaste empire qu'elle convoite, en soumettant à sa suprématie tous les États que traversent, de Hambourg au golfe Persique, les routes commerciales qu'elle entend s'ouvrir vers l'Extrême-Orient. L'Autriche, divisée, impuissante, renonce à son indépendance ; elle n'aura plus ni armée, ni diplomatie nationale. La Turquie sera de plus en plus ce qu'elle tendait à devenir : une colonie germanique. Les peuples des Balkans, Grèce, Serbie, Roumanie, qui ont senti le poids du poing allemand et en portent la meurtrissure, subiront sans résistance une domination, contre laquelle l'Angleterre, la France et l'Italie, après de solennels engagements, auront été impuissantes à les défendre. Le kaiser ajoutera de nouveaux fleurons à la couronne impériale. Il sera le grand chef militaire des rois feudataires qui lui feront cortège, comme à leur Suzerain. L'Allemagne organisera les nations vassales, leur imposera ses méthodes, sa discipline, son étatisme ; elle les fera plus fortes, plus prospères ; elle instruira leurs armées, elle en fournira les chefs suprêmes et, le jour choisi, toutes ensemble elle les jettera dans la bataille.

*
* *

Victoire de l'Allemagne, la Paix Blanche est la défaite de la démocratie, elle fortifie les partis de réaction, elle consolide le passé, elle perpétue le militarisme, la diplomatie du secret, la politique d'équilibre et la guerre.

Par cela même qu'elle est un triomphe pour l'Allemagne,

la paix blanche, la paix de résignation, qui ne veut que revenir au passé, faute du courage de faire l'avenir, est une défaite pour la démocratie. Le président Wilson l'a dit : « Cette grande guerre, plus encore que des intérêts, oppose des principes : la démocratie et l'autocratie, la souveraineté du peuple et la souveraineté du droit divin. » Vainement refuserait-on de poser le problème en ces termes, vainement dirait-on qu'il ne s'agit pas de sujets ou de citoyens, de république ou d'empire, qu'il s'agit simplement de pauvres peuples, qui tous sont las de tuer et de mourir et qui tous, sans remettre en question les principes du droit public, sont unis dans une même volonté de paix immédiate. Il ne dépend pas de nous de faire que la lutte ne soit engagée entre les grandes puissances libérales, Angleterre, France, Amérique, Italie, et les grandes puissances autocratiques, Allemagne, Autriche, Turquie, et par suite entre les principes de gouvernement qu'elles représentent.

En fait l'Entente l'emporte par le nombre, par la richesse, par l'abondance de ses ressources économiques, elle a la maîtrise des mers : comment en serait-elle réduite, après tant d'efforts accomplis, malgré l'héroïsme de ses soldats, à un aveu d'impuissance ? La cause de sa faiblesse ne serait-elle pas précisément dans ce qui d'abord la différencie de ses ennemis, dans ces institutions libérales dont elle se fait gloire ? Nous n'avons qu'à écouter les voix qui montent autour de nous. Les adversaires de la démocratie ne se lassent pas de dire et de répéter que, par son instabilité, par son manque de continuité dans les desseins, la démocratie ne peut avoir une diplomatie, que, plus soucieuse de contrôle que d'initiative, divisant l'autorité, l'affaiblissant dans son principe, elle contrarie avec la discipline collective cette unité de pensée et d'action, qui dans la guerre permet seule de ramasser toutes les forces de la nation en une résultante qui les multiplie. Les partis de réaction ne manqueraient pas de proclamer une fois de plus la faillite de la démocratie, de la rendre responsable d'un échec douloureux, d'affirmer qu'elle ne peut être le gouvernement d'une grande nation, parce que, affaiblissant l'Etat brisant son ressort, exaspérant les luttes intestines, elle la condamne à une politique d'humilité, de renoncement et d'abdication. Dans cette guerre, ne l'oublions pas, en même temps que pour notre indépendance nous luttons pour nos libertés intérieures.

Pour répondre aux détracteurs de la démocratie, nous évoquons les grands souvenirs de la Révolution française. Les armées de la République, en dépit des émigrés, des révoltes à l'intérieur, ont battu sur tous les champs de bataille les armées des rois coalisés. Si nous sommes libres, c'est parce que nos pères ont identifié la République et la Patrie et montré dans la liberté un principe de grandeur nationale. Chaque fois que nous nous retrouvons en face des dangers qu'ils ont surmontés, notre pensée se reporte vers eux, nous répétons leurs paroles, nous chantons les chants guerriers qu'ils chantaient. Il nous faut les suivre jusqu'au bout, faire comme eux, par des actes, la preuve de la vérité démocratique, la preuve qu'un peuple libre trouve dans l'amour même de la liberté les vertus que récompense la victoire.

La démocratie n'est pas un accident, elle tient dans nos sociétés à des causes profondes, sans doute elle survivrait, mais affaiblie, amoindrie. Elle resterait dans les mots, dans les constitutions et leurs préambules, elle serait de moins en moins dans la réalité des choses. La démocratie n'est jamais pleinement réalisée, elle est tournée vers l'avenir elle est le progrès, l'effort vers le mieux, elle existe dans la mesure où elle réussit à faire pénétrer dans les lois politiques, économiques, internationales, l'esprit de justice et de genérosité qui répond à son institution. De combien d'années seraient reculées les espérances, dans lesquelles elle avait commencé cette guerre, qu'elle appelait une guerre de libération. Ceux qui veulent que l'absurdité et la violence soient des décrets divins dénonceraient avec une autorité nouvelle comme une utopie l'idée de faire entrer plus de raison dans les affaires humaines. A ces défenseurs d'un état de choses, auquel sont liés leurs intérêts et leurs privilèges, les masses apporteraient la complicité de leur découragement.

La paix sans conclusion, c'est le passé consolidé, et d'abord la reprise de la comédie diplomatique qui toujours. au cours des siècles, a suivi la tragédie de la guerre. La démocratie demande une diplomatie de franchise et de clarté, dont le triomphe ne soit pas de duper l'adversaire et d'appeler la réponse de la ruse et de la violence. Nous reverrons le Congrès de Vienne, de nouvelles injustices ajoutées aux injustices anciennes ; nous reverrons, avant même que la terre n'ait achevé de boire le sang versé, les Excellences autour d'un tapis vert ourdir leurs intrigues, débattre leurs marchandages, opposer les alliés de la veille, fausser les conventions publiques par des clauses secrètes, et, au terme de ce beau travail, un équilibre instable qui se maintiendra jusqu'au jour où les mécontents, se croyant assez forts pour le renverser, déchaîneront de nouveau la catastrophe inévitable.

La démocratie a proclamé sa volonté de détruire dans le militarisme prussien le militarisme lui-même. La paix blanche est pour le militarisme prussien la victoire, la preuve faite de sa force invincible, assez pour étouffer dans le peuple allemand tout esprit de révolte, pour justifier son orgueil et sa confiance dans ses maîtres. Incertains de l'avenir, défiants les uns des autres, les peuples ruinés achèveront leur ruine en prenant leurs précautions contre une agression nouvelle. Le militarisme a un caractère international, un seul suffit à l'imposer à tous. Nous connaîtrons de nouveau les beautés de la paix armée, la course aux armements, les excitations d'une presse vénale, les menaces de conflit périodiques, la hantise du cauchemar de sang.

La démocratie refuse de consentir au mal, de le déclarer fatal et divin, elle croit à la vertu du travail, elle fait confiance à l'intelligence et à l'énergie des hommes. Quand la guerre lui fut imposée, elle avait conçu l'espoir, en détruisant le militarisme, en transformant la diplomatie de secret qui lui répond, de supprimer la guerre en ses causes. Au début, les soldats, en faisant sonner leurs fusils, disaient aux femmes dans une sorte d'allégresse qu'ils allaient faire « la guerre à la guerre ». De ces soldats combien sont tombés sur les champs de bataille ! Leurs vœux ne seront pas exaucés. La paix blanche laisse l'Europe toute semblable à elle-même, divisée en deux groupes hostiles que divisent leurs ambitions, sinon leurs intérêts ; elle conserve les injustices passées, du même coup les colères, les haines, les espoirs de revanche. Les mêmes causes produisent les mêmes effets. Comme le Prométhée de la fable, l'humanité reste attachée sur son rocher dans l'attente du vautour qui, par intervalles, vient satisfaire son appétit de sang en déchirant son cœur et fouillant ses entrailles.

La paix blanche, c'est la perpétuité de la guerre, c'est le renoncement à la paix vraie, à la paix durable par l'institution d'un droit international. Comment établir le règne de la justice entre les peuples, quand la violation du droit des peuples à disposer d'eux-mêmes fait de l'injustice la loi même des sociétés ? Comment maintenir la paix entre les Etats, quand au sein d'un même Etat la guerre est permanente par la secrète révolte des nationalités opprimées, qui subissent le joug du vainqueur. Nous prétendons instituer une Société des nations, c'est-à-dire étendre des individus aux nations les rapports juridiques, en substituant l'arbitrage à la guerre. Mais la loi n'est obéie dans une société que parce que force reste à la loi. Le droit international n'a chance d'être respecté que si nul, si puissant soit-il, ne peut le violer impunément. A l'heure actuelle, dans cette guerre, la Société des nations en un sens est constituée par la coalition des nations démocratiques ; elle est, si j'ose dire, en expérience. Il lui appartient de faire la preuve qu'elle est en mesure d'apporter à la loi ses sanctions en mettant au service du droit une force prépondérante. Si l'Allemagne résiste victorieusement au monde, si elle tire de son agression et de ses attentats des avantages durables, la Société des nations est convaincue de ne pouvoir donner force exécutive aux arrêts de son tribunal international. Pourquoi serions-nous capables de faire demain ce que nous nous montrerions impuissants à faire aujourd'hui ?

*
* *

La Paix Blanche aura pour conséquence une décadence économique de la France, qui atteindra d'abord la classe ouvrière, dont les intérêts ne se séparent pas de l'intérêt national.

La paix blanche n'arrêterait pas seulement le progrès

moral et politique de l'Europe, en donnant raison aux partis de réaction contre la démocratie, en perpétuant tous les abus du passé, diplomatie secrète, militarisme, paix armée ; elle aurait pour conséquence nécessaire une décadence économique de la France, dont la classe ouvrière serait la première victime. Déjà nous manquions de courage devant la vie, nous craignions la famille nombreuse, nous laissions notre population décroître, nous nous divisions contre nous-mêmes au lieu d'ordonner notre effort ; nos capitalistes, par inertie, par peur, exportaient leurs capitaux, au lieu d'en faire l'instrument du travail national. Ayant perdu beaucoup de sang, affaiblis, déçus, mécontents les uns des autres, nous perdrons en récriminations vaines, en stériles querelles, l'énergie nécessaire au relèvement de la patrie. La guerre nous laissera beaucoup à faire, beaucoup à créer, nous aurons besoin de confiance en nous-mêmes, d'initiative, d'audace pour le grand travail de la paix qui suivra le grand travail de la guerre. Il ne faut pas que notre élan brisé nous laisse devant l'avenir sans force ni courage.

Confiante dans les méthodes qui lui auront permis de sortir à son honneur d'une situation désespérée, l'Allemagne reprendra contre nous la lutte pour la prépondérance économique, qu'elle était en train de conquérir. Elle retrouvera les avantages que lui assurait l'article 11 du traité de Francfort par le régime de la nation la plus favorisée. Comme autrefois, par la menace, par l'intimidation, elle nous imposera de cet article les interprétations qui favoriseront les produits allemands au détriment des produits français ? Elle exigera la liberté d'exploiter nos richesses nationales, nous reverrons ses chefs d'industries et ses ingénieurs en Normandie. Les soldats de Verdun de-

vront subir en silence la présence des commis-voyageurs et
des employés allemands dans les cités qu'ils auront dévas-
tées.

Nous n'en sommes plus à croire que le prolétariat peut
se désintéresser de la vie économique du pays. Ce qu'il ré-
clame dans ses revendications, c'est la part légitime de bénéfices qui revient au travail. La somme à partager dépend
de la somme gagnée. Où il n'y a rien le peuple, tout comme
le roi, perd ses droits. Une industrie routinière qui végète,
qui lutte péniblement contre la concurrence étrangère, ne
permet pas les hauts salaires. Dans l'industrie, comme dans
la guerre, le succès ne va pas à celui qui n'a plus foi dans
la victoire. La peur naît de la défaite et l'engendre. Pour
développer la production, pour ouvrir de nouveaux débou-
chés, il faut la confiance, l'initiative, l'organisation. Une
déchéance économique, qui finirait à l'appauvrissement
universel, frapperait d'abord les travailleurs. Le paysan,
dont l'aisance pour une bonne part dépend de la puissance
d'achat de la classe ouvrière, en subirait le contre-coup.
La diminution de la France diminue tous les Français. Le
bien-être du peuple est en raison directe de la prospérité
nationale.

C'est un Allemand qui a proclamé que les prolétaires
n'ont pas de patrie mais on ne sort cet aphorisme que
dans les congrès internationaux. Le prolétariat allemand
n'en est pas dupe, il veut l'Allemagne puissante et riche,
parce qu'il sait que cette puissance et cette richesse sont
des biens collectifs auxquels il participe. Ce n'est pas seulement par docilité, par servilisme que les socialistes allemands se sont rangés derrière leur empereur. Si la caste
militaire échoue, ils la rendront peut-être responsable
d'un échec, qui les fera plus misérables ; si elle réussit, les

cœurs déborderont de gratitude pour cet accroissement de la grandeur nationale qui fera la vie plus facile et plus large. Les chefs du parti ne s'y trompent pas. « Les ouvriers, écrit un député majoritaire, voient et sentent avec une force croissante qu'ils sont liés par des chaînes indissolubles aux destinées de leur nation... Le destin de l'empire sera le destin des ouvriers allemands. Cette guerre décidera de leur double avenir. Il faut que la *Social-Démocratie devienne le support de l'idée politique allemande.* » L'antagonisme des capitalistes et des travailleurs dans un même pays est dominé par la solidarité de leurs intérêts. L'empire est un domaine national, qui est le bien commun des Allemands, qu'il faut arrondir autant qu'il est possible, qu'il ne faut à aucun prix laisser entamer. La Social-Démocratie est l'héritière présomptive de l'impérialisme germanique.

Il est bien vrai que dans la société capitaliste les ouvriers de tous les pays ont des intérêts communs — lois sociales, moyenne des salaires, retraites ouvrières, — qu'ils défendent d'autant mieux qu'ils agissent de concert. Mais il est vrai d'abord que le prolétariat a des intérêts d'ordre national qui priment tous les autres, et qu'il ne sacrifierait qu'en se sacrifiant lui-même. Même dans l'Internationale, telle qu'elle existe, la classe ouvrière d'un pays a l'importance et l'autorité que lui confère la puissance économique du pays auquel elle appartient. Déjà avant la guerre, le socialisme français, dont l'originalité est d'avoir une haute tradition démocratique, de garder le souci des droits de l'homme, de la liberté politique, de répugner à l'étatisme de caserne, a été vaincu, avec Jaurès, au Congrès d'Amsterdam par le marxisme allemand. Les ouvriers français peuvent imaginer à quel état d'humilité les réduirait l'humiliation de la France, et quelle influence leur serait réservée dans les congrès de l'Internationale ouvrière.

* * *

La Paix Blanche ne serait pas seulement désastreuse, elle est impossible. La dissolution de l'Empire des Tsars ne permet plus le retour au « statu quo ante ».

La paix blanche, au sens strict de ce mot, — et c'est là qu'il faut en venir — n'est plus réalisable, parce qu'il est impossible de supprimer les grands événements qui se sont passés depuis août 1914 et les changements qu'ils ont apportés dans le monde. Il ne dépend plus de nous de revenir au *statu quo ante* dans une volonté de silence et d'oubli. Les problèmes soulevés ne peuvent point ne pas être résolus. L'Europe n'est plus ce qu'elle était et ne saurait le redevenir.

L'Entente a proclamé le droit des peuples à disposer d'eux-mêmes. Les peuples ont répondu à son appel. Après bien des hésitations, à contre-cœur, sous la pression des faits, la diplomatie officielle a consacré leur entrée dans le concert des nations libres. Des légions tchèques, yougoslaves, polonaises, combattent aux côtés de nos soldats. Le Président de la République leur a remis solennellement les étendards aux couleurs nationales, qui symbolisent leur indépendance reconnue. Pouvons-nous renier notre parole et nos actes, répondre à leur confiance par la trahison, les payer du sang mêlé à notre sang sur les champs de bataille en les livrant à la vengeance de leurs oppresseurs séculaires, aux représailles de la bureaucratie et de la police autrichiennes, dont les bagnes et les potences sont prêts.

A sacrifier l'honneur, nous ne gagnerions rien. Ceux qui imaginent la paix blanche, le retour au *statu quo ante*, les frontières anciennes rétablies, chacun rentrant chez soi, étanchant son sang et pansant ses blessures, oublient un tout petit fait : l'écroulement du grand empire slave. Tant bien que mal, à l'Ouest, on pourrait reprendre dans les écoles les vieilles cartes géographiques et donner l'illusion que rien n'est changé. Pour revenir vraiment au passé, il ne manquerait à la Belgique que de n'avoir pas souffert ce qu'elle a souffert, à la France que de n'avoir pas perdu ce qu'elle a perdu, à toutes deux que de ne pas voir l'Allemagne, par la ruine de ses concurrents, recueillir tous les bénéfices des attentats qu'elle a perpétrés.

Mais la prétendue paix blanche ne peut restaurer la Russie dans ses limites premières, refaire son unité, et par là l'Europe est tout simplement transformée. L'Allemagne, selon le mot du président Wilson, veut une paix de pièces et de morceaux ; elle refuse de traiter avec l'Entente, elle prétend traiter avec chaque puissance séparément, discuter avec chacune d'elles les questions qui directement l'intéressent. Elle a fait avec la Russie sa paix victorieuse et ne permet pas qu'on la remette en question. Quelques-uns en prennent facilement leur parti : « La Russie est au bout du monde, qu'importe qu'en servant de rançon elle paie sa défaillance et sa trahison, occupons-nous de nos propres affaires. » La vérité est qu'en livrant la Russie nous nous livrons nous-mêmes. Le traité de Brest-Litovsk donne à l'Allemagne plus que les pangermanistes n'avaient jamais osé espérer dans leurs rêves les plus ambitieux. Il lui permet l'annexion plus ou moins déguisée des provinces baltiques Courlande, Lithuanie, Esthonie ; il lui livre la Pologne russe avec la complicité de l'Entente qui l'abandonne :

non seulement il fait tomber la barrière qu'opposait au germanisme l'empire des tsars, mais il fait de la Russie elle-même une colonie allemande et consacre sa victoire sur le monde en lui conférant l'hégémonie de l'Europe continentale. La guerre aura été dure, mais elle aura payé. Avec la décomposition de l'empire russe, avec la mainmise sur les provinces baltiques, sur la Pologne, sur l'Ukraine, la poussée sur la mer Noire et vers le Caucase, la paix blanche à l'Occident n'est pas le retour au *statu quo ante*, c'est le triomphe de l'impérialisme germanique, ce n'est pas la paix de l'égalité, c'est la paix du renoncement et de la servitude.

Ceux à qui la hantise du mal présent ne laisse d'autre volonté que celle d'y mettre fin sans retard, à tout prix, risquent de rester insensibles aux menaces de l'avenir. Qu'importe ce que sera demain pourvu qu'aujourd'hui soit aboli. Mais ils veulent abréger la guerre, contre leurs intentions ils la prolongent. L paix ne dépend pas de nous, nous sommes solidaires de nos alliés. Les grandes puissances maritimes, l'Angleterre et les Etats-Unis, ne sont pas exposées aux coups directs de l'Allemagne, par le blocus elles la iennent à la gorge et ne la lâcheront plus. Elles ne sauraient consentir à lui livrer l'empire du monde, elles lutteront jusqu'à ce qu'elles aient tteint leur but, qui est de détruire le militarisme prussien et de donner aux nations le statut de droi qui leur manque. Le peuple allemand, qui sait sa force, ne cèdera que le jour où il reconnaî a la vanité de son effor . Ceux qui témoignent d'une lassitude qui ya jusqu'au découragement entretiennent son espoir de voir se dissoudre la coalition de ses ennemis, et en prolongeant par ce espoir sa volonté de résistance prolongent la durée de la guerre.

Une seule alternative : la Paix de l'hégémonie allemande ou la Paix durable par le Droit des Peuples à disposer d'eux-mêmes et la Société des Nations.

La politique de rapprochement, des compromis, des discussions amiables, a été dénoncée le jour où la guerre a été déclarée. La sottise suffit à déchaîner un fléau, dont l'intelligence ne suffit plus à arrêter les ravages. L'apprenti sorcier avait surpris la formule magique, qui envoyait le balai chercher l'eau à la rivière, mais n'ayant pas le mot qui le renvoyait au coin, il regardait stupide monter l'inondation qu'il n'avait pas prévue. La guerre ne se prolonge pas par la mauvaise volonté de quelques hommes, mais par une nécessité qui tient à la nature des choses. Tous les problèmes, qu'au cours d'une histoire longue et confuse une politique de ruse et de violence a posés à l'Europe, se dressent à la fois devant nous. Les vieilles méthodes de la diplomatie, se bornant à déplacer l'injustice, tout au plus en modifieraient les données sans les résoudre. Une expérience sanglante, dont la leçon ne doit pas être perdue, nous apprend que la violence n'amène aucun accord définitif, parce que la victime ne se résigne qu'autant qu'elle désespère du succès de la révolte.

Quelles que soient leurs données particulières, leurs difficultés propres, tous les problèmes posés se ramènent à un seul problème, qui ne peut être résolu que par le retour aux principes. Une alternative se pose, entre les deux termes de laquelle il faut opter : la paix provisoire, toujours menacée, toujours instable de la contrainte par l'écrasement du faible, la paix vraie, la paix durable par l'accord consenti dans le mutuel respect des libertés. Par cela même qu'elles luttent contre l'Allemagne, contre sa doctrine de violence, contre son esprit de conquête, contre sa prétention à l'hégémonie par la force, les puissances de l'Entente ont été de plus en plus conduites à prendre en mains la cause du droit. Elles ont affirmé le droit des peuples à disposer d'eux-mêmes, elles ont voulu donner à cette guerre sans précédent le caractère nouveau d'une guerre de libération, en compenser les désastres par la conclusion d'une paix durable, qui ne repose pas sur les combinaisons d'une diplomatie de mensonges, mais sur les principes d'un droit international, qui t ouve dans une Société des nations, dans sa force prépondérante des garanties et des sanctions.

L'inte vention des Etats-Unis par ce qu'elle a de désintéressé, achève de donner à la guerre le sens que n'ont cessé de ui donner les peuples. A plusieurs reprises, la haute voix du président Wilson a affirmé devant le monde les condit ons auxquelles les puissances alliées consentiraient à la paix, et, renvoyant à nos soldats l'écho de leur propre pensée, il a relevé leur courage par le prix qu'il leur en promettait. Nous ne poursuivons pas de fins impérialistes, nous ne voulons pas anéantir le peuple allemand, empêcher son développement dans ce qu'il a de légitime ; nous ne voulons l ii reprendre que ce qui ne lui appartient pas : l'Alsace-Lorraine, la Pologne ; nous lui offrons la règle du droit dans sa igueur avec ses sanctions, mais aussi dans sa bienfaisance avec ses garanties. « Notre objet est de sauvegarder les principes de paix et de justice dans la vie du monde contre l'égoïsme des puissances autocratiques et d'établir entre les peuples du monde vraiment libres et souverains un tel accord de volonté et d'action qu'il puisse désormais assurer le respect de ces principes. » (Wilson. 2 avril 1917.)

Par la logique des choses, la lutte est engagée entre deux conceptions du monde, « la conception prussienne-allemande-germanique du droit, de la liberté, de la morale », comme l'a dit le kaiser, et celle des peuples démocratiques, à laquelle le président Wilson a donné son expression la plus haute. Si la guerre se poursuit avec cet acharnement, si la conscience même qu'elle est un désastre pour tous ne l'arrête pas, c'est qu'elle ne met pas seulement en jeu des rivalités économiques, c'est qu'elle engage des idées et des sentiments, qu'elle est en un sens une guerre religieuse, où se décident les destinées spirituelles du monde. Aux idées allemandes s'opposent les idées de l'Entente : à la force le droit, à l'autocratie le contrôle démocratique, à la suprématie de l'impérialisme germanique l'égalité de tous les peuples petits et grands dans le droit de disposer d'eux-mêmes, à la perpétuité de la guerre la paix durable par l'institution d'une loi internationale qui inaugure une première Société des nations. « Le présent et le passé sont engagés dans un corps à corps mortel et les peuples du monde sont voués à la destruction. Entre les deux parties, à cette lutte il ne peut y avoir qu'une issue. Le règlement doit être définitif. Il ne peut comporter aucun compromis. Aucune solution indécise ne serait supportable ou concevable. » (Wilson, 4 juillet 1918.)

Faisons notre devise des paroles que le président Wilson a adressées à la grande démocratie américaine, le jour où il l'engagea dans la bataille : « Le droit est plus précieux que la paix. » Nous voulons le droit, rien de plus, rien de moins. La victoire, pour nous, se définit par la paix, non la paix par la victoire. Nous ne demandons pas la victoire au sens brutal, au sens allemand du mot, pour humilier l'ennemi, pour le détruire, pour lui imposer notre suprématie. Quand nous aurons la paix du droit, nous aurons notre victoire, qu'elle soit amenée par une décision militaire, par le blocus, par la contrainte économique, par un mouvement politique à l'intérieur des nations ennemies. « Les déclarations du président Wilson, a dit Lloyd George aux soldats américains, définissent nos buts de guerre. Si le kaiser et ses conseillers acceptent demain les conditions de paix définies par votre président, ils peuvent avoir la paix non seulement de l'Amérique, mais de la Grande-Bretagne et de la France. »

Le droit n'admet ni compromis, ni transaction, mais il enferme ses défenseurs dans des limites qu'il leur interdit de franchir. Cette guerre est une guerre de peuples qui ne veulent d'autre victoire que la paix du droit. Nous ne combattrons pas un jour de plus qu'il ne sera nécessaire pour obtenir la paix du droit, la paix des peuples, mais nous savons que pour avoir cette paix il faut la conquérir, et nous devrons lutter jusqu'au jour où nous l'aurons conquise.

GABRIEL SÉAILLES.

Imprimerie BERGER-LEVRAULT. Nancy-Paris.